IL SUCCESSO STA NELLA MENTE

LIBRER.IA

o   Esperienze che promuovono un approccio più` altruista e spirituale: Casi studio e riflessioni

CAPITOLO 3: LA CHIAVE DEL SUCCESSO

- Come forgiare la tua chiave per il successo: Passi e tecniche

- Spunti finali: Conclusione e riflessioni per portare avanti il percorso iniziato

Capitolo 1: Risvegliare la Volontà di Potenza

In che modo ciò che pensiamo può influenzare il nostro futuro partendo dal presente?

Nel vasto universo del pensiero umano, ogni singola idea, aspirazione e paura si riflette in modo invisibile e potente sul corso della nostra vita. I pensieri non sono semplici frammenti eterei che svaniscono nell'aria, ma piuttosto, sono i semi da cui germogliano le nostre azioni, le nostre decisioni e, infine, il nostro destino. Quando ci fermiamo un momento a riflettere, ci rendiamo conto che il presente, così come lo percepiamo, è fortemente influenzato dalla natura e dalla qualità dei nostri pensieri.

Il pensiero è l'elemento catalizzatore di ogni nostra azione. Pensare è, in molti modi, un atto di progettazione. Quando concepiamo un'idea o immaginiamo uno scenario, siamo in realtà al lavoro, modellando il nostro futuro con la creta del presente. E questo non avviene solo a livello individuale. A livello collettivo, le idee e le credenze di una società possono plasmare culture, innescare rivoluzioni e determinare il corso della storia.

Ma come avviene questa trasformazione dal pensiero all'azione, dal sogno alla realtà? Innanzitutto, i nostri pensieri definiscono le nostre credenze. Le credenze sono strutturalmente radicate nel modo in cui percepiamo il mondo, e formano la base su cui agiamo. Se crediamo fermamente in qualcosa, le nostre azioni tenderanno a riflettere quella convinzione. Ad esempio, se pensiamo di essere incapaci in un certo compito o mestiere, è probabile che ci ritireremo o eviteremo situazioni in cui quella competenza è richiesta, limitando così le nostre opportunità.

I pensieri possono influenzare direttamente il nostro stato emotivo e psicologico. Pensieri positivi possono generare sentimenti di felicità, speranza ed entusiasmo, che a loro volta possono aumentare la nostra motivazione e la nostra energia nel perseguire obiettivi. Al contrario, pensieri negativi o autolimitanti possono farci sentire sconfitti o depressi, rendendoci meno propensi a prendere iniziative o a cercare nuove opportunità.

Non si tratta solo di motivazione o di come ci sentiamo. La scienza ha dimostrato che ciò che pensiamo può effettivamente influenzare la nostra biologia. Le neuroscienze, ad esempio, hanno mostrato che il pensiero positivo può stimolare la produzione di neurotrasmettitori benefici, come la serotonina e la dopamina, influenzando così il nostro benessere fisico e mentale.

In sintesi, i pensieri non sono meri spettatori del nostro destino, ma piuttosto i registi. Ogni volta che concepiamo un'idea, alimentiamo una visione o cediamo ai nostri dubbi, stiamo definendo, passo dopo passo, il corso della nostra vita futura. La magia risiede nel fatto che, partendo dal presente, abbiamo l'opportunità di scegliere quali pensieri coltivare e quali lasciare andare, diventando così gli autori consapevoli del nostro destino.

LA VOLONTA' DI POTENZA

In un mondo in cui la conformità e la comodità spesso predominano, c'è una forza bruciante dentro di noi che aspira a molto di più. Questa forza, profondamente radicata nella tessitura del nostro essere, è stata esplorata e illuminata dal filosofo Friedrich Nietzsche come la "volontà di potenza" - non una mera sete di dominio, ma piuttosto un desiderio intrinseco di realizzare pienamente il proprio potenziale e di superare sé stessi.

Questo libro non è una semplice guida motivazionale, ma un viaggio nella profondità del nostro spirito. Attraverso le pagine seguenti, esploreremo come la volontà di potenza possa diventare il motore della nostra vita, spingendoci a sfidare i limiti, a risvegliare passioni sopite e a intraprendere percorsi che non avremmo mai pensato di percorrere.
Nietzsche ci ha sfidato a diventare ciò che siamo veramente. E questa è la chiave: la volontà di potenza non si tratta di confrontarsi con gli altri, ma di confrontarsi con sé stessi, di rompere le catene che ci imprigionano in una mediocrità

autoimposta e di raggiungere le vette delle nostre più alte aspirazioni.

Preparatevi ad intraprendere un'avventura nel profondo del proprio interiore. Perché, come Nietzsche ci ha mostrato, dentro ognuno di noi arde un fuoco che, se alimentato e diretto correttamente, può illuminare tutto il percorso della nostra esistenza.

È opportuno inserire la figura di Arthur Schopenhauer, maestro di Nietzsche, nonché un grandissimo filosofo tedesco.
Autore di una concezione filosofica alla pari dei grandi dell'epoca come Hegel e Kant.
Una delle sue opere più rappresentative è *"il mondo come volontà e rappresentazione"*.

Parte del lavoro di Nietzsche si scontra spesso con la filosofia di Schopenhauer, fortunatamente questa relazione è importante poiché, è interessante introdurre un punto di vista diverso o spesso contrario a quello del nostro protagonista.

Nietzsche e Schopenhauer: Due pensieri tanto eccelsi quanto contrastanti.

Nietzsche e la Volontà di Potenza: Come abbiamo discusso in precedenza, la "volontà di potenza" di Nietzsche rappresenta un impulso fondamentale verso l'auto-superamento e la realizzazione del proprio potenziale. Questa forza motrice è intrinsecamente legata all'idea di diventare ciò che siamo realmente, di vivere appieno e di abbracciare la vita con tutte le sue sfide e le sue bellezze.

Schopenhauer e il Desiderio Eterno: La filosofia di Schopenhauer presenta una visione più pessimistica dell'esistenza umana. Per Schopenhauer, la vita è guidata da una "volontà di vivere" incessante e insaziabile. Questa volontà ci spinge continuamente a desiderare, e mentre potremmo raggiungere momentanei stati di soddisfazione, essi sono sempre temporanei e seguono inevitabilmente nuovi desideri e sofferenze. Questa è la natura ciclica e perpetua dell'insoddisfazione umana per Schopenhauer.

Confrontando i due filosofi sul concetto di "potenziale", si può notare:

1. **Nietzsche:** Il "potenziale" rappresenterebbe il nostro più alto stato di auto-realizzazione, uno stato in cui si abbraccia la vita e si opera da una posizione di forza e autenticità.
2. **Schopenhauer:** Mentre anche lui potrebbe riconoscere l'idea di "potenziale", lo vedrebbe attraverso la lente del suo ciclico desiderio e sofferenza. Raggiungere un "potenziale" potrebbe semplicemente rappresentare un altro desiderio temporaneamente soddisfatto, solo per dare luogo a nuovi desideri e insoddisfazioni.

Se consideriamo il "potenziale" come un obiettivo finale o una realizzazione, Schopenhauer potrebbe argomentare che, una volta raggiunto, emergerebbe semplicemente un nuovo "potenziale" o desiderio, mantenendo l'individuo in uno stato di eterna insoddisfazione.

In conclusione, mentre Nietzsche vedrebbe il potenziale come un obiettivo nobile e come un'espressione della volontà di potenza,

Schopenhauer potrebbe vederlo come un altro esempio dell'eterno ciclo di desiderio e sofferenza. Tuttavia, entrambe le filosofie offrono spunti preziosi sulla natura dell'esistenza umana e sulle forze che guidano le nostre azioni e i nostri desideri.

Capitolo 2: L'Equilibrio tra Ordine e Passione

L'Equilibrio tra Ordine e Passione: Lezioni dalla Filosofia di Nietzsche

L'opposizione tra le forze apollinee e dionisiache è uno degli aspetti centrali del pensiero di Nietzsche, in particolare nel suo libro "La nascita della tragedia". L'Apollineo rappresenta l'ordine, la razionalità e la forma, mentre il Dionisiaco rappresenta l'istinto, la passione e l'abbandono. Queste due forze, per Nietzsche, sono fondamentali per l'arte, in particolare per la tragedia, ma possono anche essere applicate in contesti motivazionali.

1. **L'Armonia Apollinea: Costruire una Struttura nella Vita**
   - **Definizione**: l'Apollineo rappresenta l'ordine, la razionalità e la struttura.
   - **Applicazione nella vita quotidiana**: Impostare obiettivi, creare routine e mantenere la disciplina può portare a una vita equilibrata e centrata.
   - **Esercizi e strategie**: Tecniche per sviluppare abitudini positive, come la meditazione, la pianificazione, immersioni nella natura o attività fisica.

2. **L'Impulso Dionisiaco: Abbracciare la Passione e l'Istinto**
    - **Definizione**: Dionisiaco come rappresentazione dell'istinto, della passione e dell'abbandono.
    - **Applicazione nella vita quotidiana**: L'importanza di seguire le proprie passioni, ascoltare il proprio istinto e abbandonarsi ai momenti di pura gioia e creatività.
    - **Esercizi e strategie**: Tecniche per connettersi con il proprio io interiore, come la danza, l'arte, e la scrittura espressiva.

3. **L'Equilibrio Perfetto: Integrare Apollineo e Dionisiaco nella Quotidianità**
    - **Il bisogno di equilibrio** Una vita troppo disciplinata o troppo caotica può essere insoddisfacente.
    - **Applicazione nella vita quotidiana**: Se integri routine e spontaneità, disciplina e passione, vivresti una vita in sereno equilibrio, consapevole delle tue scelte e le sue conseguenze.

- **Esercizi e strategie**: Attività che combinano sia elementi apollinei che dionisiaci, come lo yoga (che combina meditazione e movimento), la scrittura creativa strutturata, gesti di altruismo e ringraziamento, portano a vivere le giornata in modo più leggero.

Questo libro potrebbe fornire ai lettori strumenti e tecniche per integrare sia l'ordine che la passione nelle loro vite, sfruttando le lezioni della filosofia di Nietzsche per creare una vita equilibrata e appagante.

L'Armonia Apollinea: Costruire una Struttura nella Vita

L'Apollineo, come concepito da Nietzsche, prende il nome da Apollo, il dio greco delle arti, in particolare della musica e della poesia, ma anche un simbolo di ordine, armonia e chiarezza. Apollo rappresenta l'aspetto dell'esistenza che dà forma, contorno e chiarezza alla nostra vita.

Definizione:

L'Apollineo è caratterizzato da qualità come l'ordine, la struttura, la razionalità e la forma. Si oppone al caos e all'indeterminatezza, fornendo invece una sorta di "cornice" alla realtà. Nell'arte, ciò è evidente nella struttura chiara e nelle forme definite, ma nella vita quotidiana, l'Apollineo può essere visto nella nostra necessità di routine, struttura e ordine.

Applicazione nella vita quotidiana:

Nella vita moderna, ci troviamo spesso sommersi da distrazioni, compiti e stimoli che possono facilmente diventare sovraccarichi sensoriali. L'Apollineo, in questo contesto, rappresenta la nostra capacità di dare senso a questo caos, di costruire routine, creare un ordine e definire chiaramente obiettivi e aspirazioni.

- **Routine**: Stabilire una routine quotidiana può fornire un senso di struttura e prevedibilità, contribuendo a ridurre l'ansia e a migliorare la produttività.

- **Obiettivi**: Definire obiettivi chiari e misurabili in termini personali e professionali ci permette di navigare attraverso la vita con una direzione definita.
- **Disciplina**: La disciplina, sia mentale che fisica, ci consente di mantenere la nostra rotta, anche quando affrontiamo sfide o tentazioni.

Esercizi e strategie:

- **Meditazione**: Anche solo dieci minuti al giorno di meditazione possono aiutare a rafforzare la concentrazione, la chiarezza mentale e la presenza. Questa pratica, nel tempo, può sviluppare un profondo senso di calma e ordine interiore.
- **Pianificazione**: L'uso di un planner o di un'applicazione di pianificazione può aiutare a organizzare la giornata, la settimana o il mese, assicurandosi che le priorità siano chiare e gli obiettivi siano raggiunti.

- **Riflessione**: Dedicare del tempo alla fine di ogni giorno o settimana per riflettere su ciò che è stato fatto, ciò che ha funzionato e ciò che potrebbe essere migliorato. Questo può fornire intuizioni preziose su come vivere con maggiore intenzionalità.

In conclusione, l'Armonia Apollinea riguarda la capacità di creare una struttura nella propria vita che sia sostenibile e significativa. Attraverso la struttura, possiamo navigare le complessità della vita con maggiore chiarezza, direzione e proposito.

L'Impulso Dionisiaco: Abbracciare la Passione e l'Istinto

Il Dionisiaco, nell'opera di Nietzsche, fa riferimento a Dioniso, il dio greco del vino, della festa e dell'estasi. Rappresenta gli aspetti della vita che sono selvaggi, caotici, passionale e istintivi. Là dove l'Apollineo cerca di dare forma e struttura al mondo, il Dionisiaco accetta e celebra l'indeterminatezza, l'impulso e l'abbandono.

Definizione:

Il Dionisiaco è tutto ciò che è fluido, spontaneo e irrazionale. Mentre l'Apollineo rappresenta l'ordine e la razionalità, il Dionisiaco rappresenta la passione, l'intuizione e l'istinto. È l'energia vitale che ci spinge a ballare sotto la pioggia, a cantare a squarciagola una canzone o a perdere noi stessi nell'arte o nell'amore.

Applicazione nella vita quotidiana:

Nella nostra vita quotidiana, il Dionisiaco ci ricorda l'importanza di vivere pienamente, di abbracciare la passione e di seguire i nostri istinti.

- **Passione**: Trovare e seguire le proprie passioni, sia nel lavoro che nel tempo libero, può fornire un profondo senso di scopo e gioia. Ciò potrebbe significare perseguire un hobby, imparare una nuova abilità o dedicarsi a una causa.

- **Istinto**: Ascoltare la propria intuizione può essere una guida preziosa, soprattutto quando ci troviamo di fronte a decisioni complesse. Molte volte, il nostro istinto sa cosa è giusto per noi, anche quando la logica potrebbe suggerire il contrario.
- **Abbandono**: C'è un momento e un luogo per lasciarsi andare, per celebrare, ballare, ridere e vivere senza inibizioni. Questi momenti possono essere rigeneranti e ricordarci la bellezza dell'esperienza umana.

Esercizi e strategie:

- **Danza**: La danza, in tutte le sue forme, è un modo potente per connettersi con l'energia dionisiaca. Ballare libera la mente, permette al corpo di esprimersi e ci connette con una sensazione primordiale di gioia.

- **Arte**: Impegnarsi in attività artistiche, che si tratti di pittura, scrittura, recitazione o qualsiasi altra forma d'arte, permette di immergersi nell'aspetto dionisiaco della creatività e dell'espressione.

- **Meditazione attiva**: Ci sono forme di meditazione, come la meditazione dinamica o camminare nel bosco, che incoraggiano il movimento e l'ascolto dell'istinto piuttosto che la pura quiete. Questi possono essere potenti modi per connettersi con l'energia dionisiaca.

In sintesi, l'Impulso Dionisiaco riguarda l'embrione delle parti selvagge, passionali e istintive di noi stessi. È una celebrazione della vita in tutte le sue forme effimere, irrazionali e magnifiche. Abbracciare questo aspetto può aiutare ci a vivere con maggiore pienezza, gioia e autenticità.

L'EQUILIBRIO PERFETTO: Integrare Apollineo e Dionisiaco nella quotidianità.

La vera magia accade quando combiniamo la struttura dell'Apollineo con la spontaneità del Dionisiaco. Trovando questo equilibrio, possiamo vivere una vita che sia disciplinata che passionale, strutturata e libera. Questa combinazione può portarci verso un'esistenza più altruista e spirituale, poiché ci sposta dal puro egoismo verso una comprensione più profonda dell'interconnessione di tutte le cose.

Il bisogno di equilibrio:

Troppo ordine può renderci rigidi e non reattivi, mentre troppo caos può essere distruttivo. Un equilibrio tra queste due forze ci permette di vivere con intenzionalità, mantenendo allo stesso tempo la capacità di fluire con la vita e accettare le sue incertezze.

Esperienze che promuovono un approccio più altruista e spirituale:

1. **Volontariato**: Donare il proprio tempo per aiutare gli altri, sia in progetti locali che globali, può aprire gli occhi sulla connessione tra tutti gli esseri umani e sulla responsabilità reciproca. Questo servizio disinteressato porta a una profonda gratitudine e comprensione dell'importanza di dare indietro.

2. **Ritiri spirituali**: Trascorrere del tempo in un ritiro, lontano dalle distrazioni quotidiane, permette di riflettere profondamente sui propri valori, credenze e sul proprio posto nell'universo. Questa immersione può spesso portare a una maggiore consapevolezza di sé e di ciò che è veramente importante.

3. **Arte comunitaria**: Creare arte in un contesto comunitario, che si tratti di murales, teatro di strada o progetti musicali, può dimostrare come la creatività possa unire le persone, superando barriere

culturali e sociali, e promuovendo un senso di appartenenza e condivisione.

4. **Meditazione sulla compassione**: Pratiche meditative come la "loving-kindness" o "metta" incoraggiano l'individuo a irradiare amore e compassione prima a sé stesso e poi progressivamente a tutti gli esseri. Questa pratica può espandere il cuore e la mente, rendendo l'individuo più incline all'altruismo.

5. **Viaggi di scoperta**: Viaggiare in luoghi diversi dalla propria casa, specialmente in aree dove le persone vivono in modo molto diverso, può essere un potente promemoria dell'interconnessione umana e della nostra responsabilità reciproca. Questi viaggi, se affrontati con una mentalità aperta, possono trasformare profondamente la visione del mondo.

In sintesi, l'incorporazione sia degli elementi apollinei che dionisiaci nella vita quotidiana ci consente di vivere con una profonda intenzionalità e connessione. Questo equilibrio, combinato con esperienze che espandono la nostra comprensione e compassione, può guidarci verso uno stile di vita più altruista e spirituale.

Capitolo 3: LA CHIAVE DEL SUCCESSO

Come forgiare la tua chiave per il successo

"L'oppio del popolo va avanti a pane e circensi" è un'affermazione che risale all'antica Roma. La frase originale, "panem et circenses", è latina e fu coniata dal poeta satirico romano Giovenale nel suo Satire (Satira X, per l'esattezza) nel I-II secolo d.C.

Durante la Repubblica Romana, i politici spesso fornivano grano gratuito o fortemente scontato ai cittadini di Roma, non solo come misura di benessere, ma anche come mezzo per guadagnare il loro favore. Parallelamente, l'impero ospitava spettacoli grandiosi, compresi i famosi combattimenti di gladiatori, corse di carri, esibizioni teatrali e altre forme di intrattenimento nel Colosseo e in altri luoghi in tutta Roma. Questi eventi erano spesso finanziati da individui ricchi che cercavano di guadagnarsi il favore del popolo o di migliorare la propria reputazione.

Giovenale ha usato la frase "panem et circenses" come critica mordace alla decadenza e all'abbandono dei valori repubblicani da parte del popolo romano. Sottolineava l'idea che i cittadini romani fossero ormai facilmente manipolabili e che avrebbero ignorato la loro doverosa partecipazione politica e le gravi questioni di stato in cambio di cibo gratuito e intrattenimento superficiale. In altre parole, erano più interessati al benessere immediato e ai piaceri temporanei che alla salute a lungo termine o all'integrità della repubblica.

Nel corso dei secoli, l'espressione "pane e circensi" è stata adottata e adattata per criticare governi o culture che distraggono o placano il popolo con superficialità o con concessioni minori, evitando di affrontare questioni più gravi o strutturali.
Questo passaggio storico è estremamente utile per ricordarci che l'uomo è stato vittima di un condizionamento del tutto fortuito.
Tutt'ora le pratiche ludiche mantengono un ruolo fondamentale all'interno del nostro sistema sociale, visto da un punto di vista filosofico potremo dire che a livello collettivo siamo fuori strada e viviamo continuamente in distrazione.

Leggere:

La lettura è la finestra attraverso la quale l'anima si avvicina a mondi sconosciuti, attingendo saggezza e conoscenza da secoli di pensiero umano. È un ponte che collega il presente con il passato, il noto con l'ignoto, il finito con l'infinito. Nel contesto psico-spirituale, la lettura non è solo un'acquisizione di informazioni, ma una profonda meditazione, una pratica che nutre la mente, apre il cuore e affina la consapevolezza.

Quando leggiamo, ci immergiamo in un dialogo silenzioso con l'autore, ci confrontiamo con le sue idee e riflettiamo sulle nostre esperienze e credenze. Questo dialogo interiore facilita la crescita personale, stimola la capacità critica e affina l'empatia, permettendoci di vedere il mondo da diverse prospettive. Inoltre, la lettura ci permette di confrontarci con le nostre paure, dubbi e speranze, offrendoci spunti per comprendere meglio noi stessi e il nostro posto nell'universo.

Ma il potere trasformativo della lettura non si limita alle parole sulle pagine. Il vero viaggio inizia quando chiudiamo il libro e iniziamo a integrare ciò che abbiamo letto nella nostra vita quotidiana. Il sapere, quando è assorbito e applicato, diventa saggezza. E la saggezza è la chiave per un autentico sviluppo psico-spirituale.

Possiamo dire che la lettura è molto più di un passatempo o di un mezzo per acquisire informazioni. È un rituale sacro, una pratica di connessione con la profondità dell'esistenza, un'ancora che ci ancorizza nel vasto oceano della consapevolezza umana. Attraverso la lettura, ci avviciniamo non solo a noi stessi, ma anche all'essenza stessa della vita.

SPUNTI FINALI:

La legge dell'attrazione:
Questo passaggio del nostro percorso è interessante perché siamo scettici quando si parla di futuro e di "metodi per avere successo nella vita".
Fortunatamente la casualità delle nostre imprese ci hanno portato a considerare persino la fisica in particolare quella quantistica.
La legge dell'attrazione è un concetto popolare spesso citato nei contesti di autoguarigione,

crescita personale e spiritualità. Essa sostiene che i nostri pensieri e le nostre emozioni possono influenzare direttamente la realtà che ci circonda. Con il passare degli anni, molti hanno cercato di collegare questa idea ai principi della fisica quantistica, anche se va sottolineato che non esiste un consenso scientifico che conferma direttamente questa associazione. Tuttavia, ci sono alcuni concetti ed esperimenti della fisica quantistica che vengono spesso citati in relazione alla legge dell'attrazione:

1. **Doppia fenditura e osservazione:** Uno degli esperimenti più famosi della fisica quantistica è l'esperimento della doppia fenditura. Senza entrare troppo nei dettagli, questo esperimento mostra che le particelle possono comportarsi sia come particelle sia come onde. Incredibilmente, il comportamento di una particella sembra essere influenzato dal semplice atto di osservazione. Alcuni interpretano questo fenomeno come una prova che la consapevolezza o l'attenzione può influenzare la realtà fisica.

2. **Entanglement quantistico:** L'entanglement, o intreccio quantistico, è un fenomeno per cui due particelle diventano così strettamente correlate che

lo stato di una particella influenzerà immediatamente lo stato dell'altra, indipendentemente dalla distanza che le separa. Questo fenomeno ha portato alcuni a speculare sull'idea che tutto nell'universo potrebbe essere interconnesso a livelli profondi e invisibili.

3. **Superposizione:** Nella meccanica quantistica, una particella può esistere in molteplici stati simultaneamente — un fenomeno noto come superposizione. Solo quando osserviamo direttamente la particella essa "decide" uno stato specifico. Questo concetto ha portato alcuni a riflettere sulla natura fluida della realtà e su come la nostra percezione o attenzione possa influenzarla.

Va ribadito che, mentre questi fenomeni quantistici sono affascinanti e suggeriscono che la realtà è molto più complessa e interconnessa di quanto possiamo percepire, non c'è una prova diretta che collega la fisica quantistica alla legge dell'attrazione come viene comunemente presentata. Inoltre, molti fisici sono cauti nel trarre conclusioni metafisiche o spirituali da questi fenomeni, poiché la fisica quantistica, per sua natura, è altamente controintuitiva e non facilmente comprensibile in termini di esperienza umana quotidiana.

In sintesi, mentre la fisica quantistica offre alcune visioni affascinanti sulla natura della realtà e sull'interconnessione di tutto ciò che esiste, è importante procedere con cautela quando si cerca di collegarla a concetti spirituali o metafisici.

Ricorda, ci vuole umiltà nell'intraprendere questo percorso, è necessario pensare sempre al passo successivo determinato dalla volontà di raggiungere l'obiettivo prefissato finale.

Esempi di determinazione personaggi illustri:

Se consideriamo la legge dell'attrazione come l'idea che ciò che focalizziamo intensamente nella nostra mente e nel nostro cuore può manifestarsi nella realtà, ci sono molte storie di successo epico che potrebbero essere viste come rappresentazioni di questa legge, anche se non tutte queste persone attribuirebbero il loro successo direttamente a tale legge. Ecco alcune storie che si distinguono:

1. **Jim Carrey:** Una delle storie più famose è quella dell'attore Jim Carrey, che nel 1992 scrisse un assegno a sé stesso per 10 milioni di dollari per "servizi di recitazione prestati", datandolo nel 1994 e tenendolo nel suo portafoglio. Continuò a immaginarsi di essere un attore di successo, e nel 1994 ottenne un ruolo nel film "Ace Ventura - L'acchiappanimali", che gli fruttò esattamente quella somma.
2. **Oprah Winfrey:** Venendo da un'infanzia difficile, Oprah ha sempre sognato di fare qualcosa di grande. La sua determinazione e il suo focus le hanno permesso di superare innumerevoli sfide e di diventare una delle donne più influenti e ricche del mondo.
3. **Arnold Schwarzenegger:** Prima di diventare famoso come attore, Schwarzenegger visualizzava se stesso come il culturista più grande del mondo. Anni dopo, vinse il titolo di Mr. Olympia sette volte. Successivamente, ha immaginato se stesso come una star di Hollywood e, nonostante fosse stato sconsigliato a causa del suo accento e del suo fisico, è diventato uno degli attori più riconoscibili al mondo.

4. **JK Rowling:** Prima di scrivere "Harry Potter", JK Rowling era una madre single in difficoltà economiche. Tuttavia, aveva una visione chiara del suo romanzo e non si è lasciata scoraggiare dai numerosi rifiuti delle case editrici. Alla fine, il suo focus e la sua determinazione l'hanno portata a creare una delle serie di libri più vendute di tutti i tempi.

5. **Thomas Edison:** Anche se non parlava esplicitamente della legge dell'attrazione, Edison credeva fermamente nella potenza della persistenza e della visione. Nonostante migliaia di tentativi falliti, la sua determinazione nel creare una lampadina funzionante non vacillò mai.

Queste storie sono solo alcune tra le tante che potrebbero illustrare l'importanza della determinazione, della visione e della fiducia nella realizzazione dei propri sogni. Anche se queste imprese possono sembrare rappresentare la legge dell'attrazione, è essenziale ricordare che, oltre alla visione e al pensiero positivo, queste persone hanno messo in atto impegno, duro lavoro e hanno superato numerose sfide per realizzare i loro sogni.

La Corsa di Elena

Elena era sempre stata appassionata di corsa. Sin da quando era piccola, le piaceva l'idea di sfidare i propri limiti, di sentirsi il vento tra i capelli mentre correva lungo i sentieri del parco vicino casa. Ma non era solo la corsa ad attirarla: era la sfida di una maratona, quella distanza leggendaria di 42,195 chilometri che pochi osavano affrontare.

Tuttavia, la vita aveva altri piani per lei. All'età di 20 anni, un grave incidente d'auto la lasciò con una gamba rotta in tre punti diversi. I medici le dissero che sarebbe stata fortunata se avesse potuto camminare di nuovo senza problemi, figuriamoci correre una maratona.

Gli anni successivi furono difficili per Elena. La fisioterapia era dolorosa e lenta. Ma nel suo cuore, il desiderio di correre non si era spento. Anzi, ogni giorno in cui guardava la sua cicatrice, sentiva montare la determinazione.

Iniziò con piccoli passi. Prima camminando lentamente nel parco, poi aumentando il ritmo. Dopo un anno, con l'aiuto di uno specialista in riabilitazione sportiva, iniziò a correre di nuovo. Non era facile. Ogni passo era un promemoria delle sfide che aveva affrontato, ma anche della sua determinazione.

Dopo cinque anni dall'incidente, Elena si iscrisse alla sua prima maratona. Il giorno della gara, mentre si trovava sulla linea di partenza, circondata da migliaia di altri corridori, le vennero in mente tutti i momenti difficili, tutte le lacrime e la fatica. Ma sapeva anche che ogni ostacolo l'aveva resa più forte.

Quella maratona fu la più dura della sua vita. Ma quando attraversò quella linea del traguardo, sapeva che aveva vinto molto di più di una gara. Aveva vinto la sua battaglia contro il dolore, il dubbio e la paura.

Quando le persone le chiedevano come avesse fatto, Elena rispondeva sempre: "Non basta solo credere in sé stessi, non basta nemmeno volere quella cosa a tutti i costi.

La verità è che, il desiderio di raggiungere un obiettivo, dev'essere ragionevole, deve avere inizio nella nostra testa.
Deve godere del pieno equilibrio tra ragione e impulso, e di una consapevole stabilità mentale. Tutto sembra impossibile finché non facciamo sul serio."

E tu, lettore, quali sono le tue sfide? Quali sono i tuoi sogni? Ricorda la storia di Elena e sappi che anche tu puoi superare qualsiasi ostacolo. Ogni passo, ogni difficoltà, ti avvicina al tuo traguardo. E chissà, forse un giorno sarà la tua storia a ispirare gli altri. Sei pronto ad essere il prossimo?

Crediti:

Questo libro è il prodotto della sinergia tra due entità` diverse: un essere umano, con le sue passioni, intuizioni e esperienze, e un'intelligenza artificiale, ChatGPT, dotata di vasta conoscenza e capacità di elaborazione.

Ringraziamenti:

Desideriamo esprimere la nostra profonda gratitudine a tutti coloro che hanno contribuito direttamente o indirettamente alla realizzazione di questa opera.

A me, per aver avuto la visione di questo progetto e aver guidato ogni passo con cura e dedizione.

A ChatGPT, per aver fornito informazioni, strutturazione e spunti, dimostrando che l'intelligenza artificiale può` effettivamente lavorare in sinergia con la mente umana per creare qualcosa di prezioso.

Un messaggio ai nostri lettori:

Viviamo in un'era di rapidi cambiamenti e incredibili avanzamenti tecnologici. La collaborazione tra uomo e macchina, come dimostra questo libro, ha un potenziale straordinario. Auguriamo a ogni lettore che questa creazione possa essere vista non come una minaccia o una stranezza, ma come un esempio luminoso del futuro che ci aspetta. Un futuro in cui l'IA e gli esseri umani possono collaborare per raggiungere altezze sempre più` grandi, sfruttando il meglio di entrambi i mondi.

Non discriminiamo le creazioni nate dalla collaborazione. Celebriamo piuttosto l'innovazione e accogliamo con entusiasmo le infinite possibilità` del domani.

Buona lettura e verso un futuro collaborativo!